U0614981

1994-2024

镇江商业联合会成立三十周年

商海扬帆

SHANG HAI YANG FAN

主编　张伟清

江苏大学出版社
JIANGSU UNIVERSITY PRESS
镇江

图书在版编目（CIP）数据

商海扬帆 ： 镇江商业联合会成立三十周年 / 张伟清
主编. -- 镇江 ： 江苏大学出版社，2024. 9. -- ISBN
978-7-5684-2295-6

Ⅰ. F729

中国国家版本馆CIP数据核字第2024ZT0651号

商海扬帆：镇江商业联合会成立三十周年

Shanghai Yangfan：Zhenjiang Shangye Lianhehui Chengli Sanshi Zhounian

主　　编 / 张伟清

副 主 编 / 冯兵罗

责任编辑 / 李经晶

出版发行 / 江苏大学出版社

地　　址 / 江苏省镇江市京口区学府路 301 号（邮编：212013）

电　　话 / 0511-84446464 （传真）

网　　址 / https://press.ujs.edu.cn

印　　刷 / 苏州市古得堡数码印刷有限公司

开　　本 / 787 mm×1092 mm　1/12

字　　数 / 159 千字

印　　张 / 11

版　　次 / 2024 年 9 月第 1 版

印　　次 / 2024 年 9 月第 1 次印刷

书　　号 / 978-7-5684-2295-6

定　　价 / 158. 00 元

如有印装质量问题请与本社营销部联系（电话：0511-84440882）

《商海扬帆：镇江商业联合会成立三十周年》

编撰委员会

主　　任：张伟清

副 主 任：张　文　周凤霞

编　　委：冯兵罗　潘培荣　任满平　董晓助　金　红

杨永忠　黄金利　吴初新　陈立萍　王　涓

沈友骏　孙　云　周小明　刘跃进　刘雅婷

张　津　钱存山　钱小峰

主　　编：张伟清

副 主 编：冯兵罗

执行编辑：钱小峰

序

——筑梦现代化，共绘新图景

欣闻镇江商业联合会成立 30 周年，可喜可贺。

党的十八大以来，在新一轮科技革命和产业变革背景下，经过各级商业联合会的努力，商业新业态、新模式不断涌现，相关产业高质量发展稳步推进，商业已经成为经济创新最活跃、发展最具活力的领域之一，有效引导了生产、扩大了消费、繁荣了市场、保障了民生，全国商贸流通产业和市场规模稳步壮大，结构持续优化，内贸流通业不断顺应消费观念和消费方式的转变。

镇江作为长江三角洲和苏南经济板块的中心城市之一，在全国地级市中最早成立了商业联合会。镇江商业联合会作为商贸流通领域综合性的行业组织，多年来围绕"服务、联合、创新、规范"致力于推动商贸流通业的改革与发展，搭建政府和企业之间的桥梁纽带，促进产销对接，促进价值链、供应链、产业链上下游贯通，为经济发展注入新活力，不仅助推新消费快速增长，也为平台经济的持续发展添加动力，给人们的生活带来更多的便利和改善，为当地经济发展做出了贡献。

当前，我国正在全面建设社会主义现代化国家，随着消费市场的不断扩大和升级，商业将迎来更加广阔的发展空间。习近平总书记在党的二十大报告中指出，必须完整、准确、全面贯彻新发展理念，坚持社会主义市场经济改革方向，坚持高水平对外开放，加快构建以国内大循环为主体、国内国际双循环相互促进的新发展格局。要坚持以推动高质量发展为主题，把实施扩大内需战略同深化供给侧结构性改革有机结合起来，增强国内大循环内生动力和可靠性，提升国际循环质量和水平，加快建设现代化经济体系，着力提高全要素生产率，着力提升产业链供应链韧性和安全水平，着力推进城乡融合和区域协调发展，推动经济实现质的有效提升和量的合理增长。2023 年 12 月中央经济工作会议提出，要推动消费从疫后恢复转向持续扩大，培育壮大新型消费；稳定和扩大传统消费，提振大宗消费；优化消费环境等，为全国商贸流通行业发展指明了方向。

　　商业具有贯通城市乡村、对接生产销售、融合线上线下的优势，在落实国家重大发展战略、畅通国内国际双循环、助力全国统一大市场建设方面发挥着独特作用。30 年，很长，征途漫漫；30 年，很短，弹指一挥间；30 年，是历史的跨越，更是崭新的起点。

　　面向未来，衷心希望镇江商业联合会坚持以习近平新时代中国特色社会主义思想为指引，按照党中央、国务院决策部署，完整、准确、全面贯彻新发展理念，坚持稳中求进、以进促稳、先立后破的工作总基调，秉持高质量发展的精神，进一步提高信息化、标准化、集约化水平，利用新技术、新业态、新模式，发挥龙头企业的带动作用，积极应对消费需求新变化，拓展新市场，创造新动能新优势，努力把中国式现代化的鲜明特色转化为推动商业创新发展的成功实践，乘浩荡之东风，立时代之潮头，为扩大国内需求全面促进消费、推动长江经济带建设和长三角一体化发展做出新贡献！

中国商业联合会党委书记、会长

2024 年 7 月 10 日

前言

——历史老商埠，演绎新精彩

镇江是江苏省下辖地级市，地处江苏省南部、长江与京杭大运河"十"字交汇处，是长江三角洲中心城市之一，拥有3000多年历史。

全市总面积约3840平方公里，2023年年末，全市常住人口322.6万人，下辖丹阳、句容、扬中3个市，丹徒、京口、润州3个区和镇江经济开发区、镇江高新区两个国家级开发区。2023年，全市实现地区生产总值5264.07亿元，比上年增长6.3%；人均地区生产总值达16.33万元，比上年增长6.1%。完成对外贸易进出口总额140.42亿美元，其中出口总额105.46亿美元。一般公共预算收入320.71亿元，比上年增长5.5%。年末境内上市公司22家。城镇居民人均可支配收入64602元，比上年增长5.0%；农村居民人均可支配收入35466元，比上年增长7.1%。

镇江是全国历史文化名城，千百年来诞生了刘裕、刘勰、葛洪、马相伯、茅以升等万古流芳的人物，留下众多历史遗存，以及《昭明文选》《文心雕龙》《梦溪笔谈》等诗文典籍和"白娘子水漫金山""刘备甘露寺招亲"等传说故事，荣获"中国优秀旅游城市""全国文明城市""国家卫生城市""中国醋都"等称号。镇江交通便捷，建有润扬大桥、泰州大桥、五峰山大桥等著名跨江大桥；6条铁路、6条高速公路穿越境内，1小时到上海、4小时到北京；镇江港是全国43个主枢纽港之一，2023年货物吞吐量超2亿吨；大路通用机场是华东地区首个A类大型通用机场。镇江环境优美，山水城林浑然一体，自然风光得天独厚，素有"城市山林""天下第一江山"之美誉，荣获"国家生态市"称号。镇江产业发达，航天航空、智能电气、海工装备等特色产业发展迅猛，是长三角地区重要的先进制造业基地、南京都市圈核心城市；拥有9个省级以上开发区、1个国家级综合保税区；拥有江苏大学、江苏科技大学等9所高校和20余所中职院校。2014年12月13日，习近平总书记视察镇江，殷切寄语："镇江很有前途"。

镇江自古为水陆要冲，交通便利，漕运发达，商贾云集，商贸繁荣，素有"银码头"之称。1994年12月，在改革开放的大潮中，镇江商业联合会正式成立，成为全国同行业第一家地级市商业联合会。

30年来，镇江商业联合会在市委、市政府坚强领导下，在江苏省商业联合会和镇江市商务局、民政局等部门指导下，坚持以习近平新时代中国特色社会主义思想为引领，高举中国特色社会主义伟大旗帜，认真落实党的路线、方针、政策，团结带领会员单位和广大商贸人士，聚焦经济主战场，为发展镇江的商贸事业做了大量卓有成效的工作；助力镇江社会消费品零售总额从1994年的67.7亿元跃升至2023年的1481.74亿元，创造了令人瞩目的业绩，谱写了开拓奋进的绚丽篇章。

为不负荣光，再续华章，镇江商业联合会编撰了《商海扬帆：镇江商业联合会成立三十周年》，鼓励和激励广大会员和全市商贸人士，在新时代新征程上，扛起新使命，繁荣商品贸易，扩大社会消费品零售业发展，推进产业强市，奋力谱写"镇江很有前途"新篇章；同时敬请社会各界人士一如既往关心支持镇江商业联合会发展，共同努力，为建设中国式现代化、国际化新镇江做出更大贡献。

编　者

2024年7月

贺信

镇江商业联合会长期以来得到社会各界的关心支持，风雨同行，值此成立30周年之际，江苏省商业联合会和兄弟城市商业联合会发来贺信、贺词表示祝贺！

江苏省商业联合会

贺 信

镇江商业联合会：

　　欣闻贵会将于近期举办成立30周年系列活动，希望镇江商业联合会以30周年为新起点，紧扣"政治建会、团结立会、服务兴会、改革强会"要求，开拓创新，坚毅前行，利用新业态、新模式，坚持跨界融合、共享发展，加快形成高质量发展新动能，在繁荣市场、促进国内国际双循环、构建新发展格局中发挥积极作用，为建设现代化新镇江贡献力量。

江苏省商业联合会
2024年   月

南京市商业联合会

贺 信

镇江商业联合会：

在这特别的日子里，我们南京市商业联合会向贵会致以最热烈的祝贺，庆祝镇江商业联合会成立三十周年这一重要里程碑。三十年来，镇江商业联合会作为地区商业发展的助力者，为推动当地经济繁荣和商业创新做出了巨大贡献。

贵会的成立和发展，不仅为镇江地区的商业活动提供了一个良好的交流与合作平台，也促进了商业文化的交流与传播。我们相信，在未来的日子里，镇江商业联合会将继续发挥其影响力，为地区的商业发展和经济建设做出更大的贡献。

我们期待与镇江商业联合会进一步加强合作，共同探索商业发展的新机遇，携手共创更加繁荣的未来。

再次祝贺镇江商业联合会成立三十周年，祝愿贵会未来事业更加辉煌，再创佳绩！

南京市商业联合会

2024 年 7 月 29 日

苏州市商业联合会

贺 信

欣闻镇江商业联合会成立三十周年，苏州市商业联合会致以最热烈的祝贺！

三十载风雨兼程，贵会始终秉持初心，在促进镇江地方经济发展、推动商贸流通、服务会员单位等方面作出了贡献，而每一步都凝聚着贵会成员的智慧与汗水。

我们深知这三十年来的不易，未来的道路依然充满挑战，但我们相信，在贵会的领导和全体会员的共同努力下，镇江商业联合会在未来的日子里继续乘风破浪、扬帆远航，为商贸流通事业的繁荣发展贡献更多的智慧和力量，再创辉煌！

最后，再次祝愿镇江商业联合会三十周年庆典圆满成功，期待与贵会携手共进、共创辉煌！

顺致商棋！

苏州市商业联合会

2024 年 8 月 2 日

无 锡 商 业 联 合 会

★
贺 词

镇江商业联合会：

　　欣闻贵会成立三十周年，在这喜庆的日子里，无锡商业联合会谨向贵会致以最热烈的祝贺！

　　三十年前贵会的成立，顺应了我国改革开放，建立社会主义市场经济的历史潮流。三十年来，贵会充分发挥了政府和企业之间的桥梁和纽带作用，团结引领广大会员企业，围绕经济建设中心，服务改革发展大局，与时俱进，锐意创新，为地区社会经济发展和商贸流通服务业繁荣作出了重要贡献！三十年辛勤耕耘，三十年春华秋实，三十年具有时代印记的历程，将载入地方经济发展史册。

　　我国经济已进入高质量发展的新时期，我们期待与贵会进一步加强合作，共同探索新形势下商贸流通服务业发展的新机遇。我们衷心祝愿贵会在新的征途中，坚持以改革为动力，引领广大商贸流通服务企业在调结构、转业态、发展新质生产力方面继续奋发有为，谱写新的美好篇章。

　　预祝贵会三十周年庆典活动取得圆满成功！

无锡商业联合会
2024 年 8 月

常 州 市 商 业 联 合 会

贺 信

镇江商业联合会：

　　值此贵会成立三十周年之际，我们常州市商业联合会谨向贵会致以最热烈的祝贺。

　　三十年峥嵘岁月，三十砥砺前行，贵会以丰硕的成果展现了在改革开放历史进程中勇于担当、与时俱进的精神风貌，为促进镇江地区商业高质量发展作出了巨大贡献，也为全省兄弟商联会提供了宝贵经验。我们相信，贵会一定会以三十周年庆为新的起点，创造新的辉煌。

　　我们期待与贵会加强相互联系，共同探索区域商业合作新途径，促进常州、镇江两地商业现代化水平。

　　再次祝贺镇江商业联合会成立三十周年，并祝愿贵会事业兴旺，前程远大！

2024 年 8 月 8 日

泰州市商业联合会

泰商联[2024]08号

贺　信

镇江市商业联合会

　　获悉贵会已成立三十周年，在此，泰州市商业联合会特向贵会表示最热烈的祝贺。

　　贵会成立三十年来，一直为推动当地经济繁荣、商业模式的创新以及团结和带领会员企业不懈努力、勤奋工作，在流通业现代化方面、满足镇江市民消费需求做出重大贡献。

　　我会衷心祝愿贵会在新一届领导班子的带领下，不忘初心、紧扣商业联合会"服务、联合、创新、规范"的职能特点，在当地主管单位和部门的领导下，坚持政治建会、服务立会、创新兴会、规范强会，在不断适应社会工作部门体制调整的环境下，激发商联会自身的新动能，为镇江的流通现代化建设做出新的更大贡献。

泰州市商业联合会

2024 年 7 月 28 日

贺镇江商业联合会成立三十周年

张 伟 清

纽带桥梁三十载，
群英荟萃筑平台。
万千百货物联网，
众志成城盛世开。

引领双赢书贺彩，
繁荣共进展宏才。
江河交汇市场旺，
商海扬帆活水来。

（平水韵。刊发：2024 年 7 月 5 日《镇江日报》）

1994-2024

第一章

初心笃行，砥砺奋进

时光荏苒，岁月如歌。镇江商业联合会自 1994 年 12 月成立至今，历经六届次，走过了 30 年不平凡的发展历程。30 年栉风沐雨，勠力同心；30 年勇立潮头，硕果累累；30 年风华正茂，砥砺前行。

（一）第一届理事会（1994—2001 年）

名誉会长： 张吉生

特邀顾问： 姜启才　张信澄　吴新生

顾　　问： 陆汝纯　王明熙　徐立之　梁华成　颜国璋　朱　明　张传甲

会　　长： 王进农

副 会 长： 韦六寿　吴永清　黄宝荣　谭国平　侯在龙　余有贵　张慰宗

秘 书 长： 李光遐

▲ 1994 年 12 月镇江商业联合会成立大会召开

▲ 时任镇江市副市长张吉生在大会上讲话

▲ 江苏省人民办公厅张岩磊在大会上致辞

▲ 时任镇江市民政局副局长马乘龙宣读成立镇江商业联合会批复

▲ 时任镇江市委常委、市委秘书长吴树南（左一）、时任镇江市副市长张吉生（右二）为镇江商业联合会揭牌

▲ 时任上海商业联合会副会长兼秘书长陈明刚在大会上致辞

▲ 第一任会长王进农在大会上作工作报告

（二）第二届理事会（2001—2006 年）

名誉会长：张吉生　应国根　张克敏

高级顾问：吴新生　王进农　吴永清
　　　　　张慰宗　许能斌　杨杏云
　　　　　石 耘　李 琦　颜国璋

会　　长：王常生

常务副会长：王彩英

副 会 长：曹晓坤　杨秀兰　侯在龙　郭朝书
　　　　　黄昌林　陈 健　张家俊　朱鲁生

秘 书 长：徐玉美

副秘书长：陈汉妹　周军捷

▲ 时任镇江市贸易局局长、镇江商业联合会会长王常生在大会上作工作报告

▲ 镇江商业联合会成立 10 周年《商联风采》宣传画册

（三）第三届理事会（2006—2011 年）

名誉会长：冯士超

高级顾问：周凤霞　王进农　吴永清
　　　　　张慰宗　许能斌　杨杏云
　　　　　石 耘　曹晓坤　李 琦

常务副会长：王彩英

副 会 长：吕振亚　徐筱棣　刘茂珍
　　　　　魏保家　朱晓法　黄昌林
　　　　　陈 健　张家俊　叶有伟
　　　　　朱鲁生　沈 礼

秘 书 长：陈汉妹

副秘书长：周军捷

▲ 2010 年镇江市副市长冯士超听取镇江商业联合会工作汇报

（四）第四届理事会（2011—2016 年）

名誉会长： 陈建设　刘吉顺

顾　　问： 吴新生　石　耘　梁顺明　席夏红

会　　长： 周凤霞

副 会 长： 韩迎农　屈振国　邓世安　蒋乃平　李成军　祁昌贵　眭建群　叶有伟　张玉宏
　　　　　　丁晓红　钱国华　邹元顺　耿仲毅

秘 书 长： 王彩英

副秘书长： 陈汉妹　周军捷　冯兵罗　李　劲　朱忙华

▲ 2011 年镇江市副市长陈建设在镇江商业联合会第四届
会员大会上讲话

▲ 2011 年镇江市政府副秘书长周凤霞担任镇江商业联合
会会长

▲ 2011 年镇江市副市长陈建设出席镇江商业联合会第四届会员大会暨第一次理事会

初心笃行·砥砺奋进

（五）第五届理事会（2016—2022 年）

名誉会长： 张伟清　路月中

会　　长： 周凤霞

常务副会长： 王仁贵

副 会 长： 包良俊　夏荣堂　唐占军　潘培荣　董晓助　任满平　朱建新　周鹤銮
　　　　　　刘以权　叶　翔　杨秀云　曹庚熙　沈友骏　孙　云　张　文

秘 书 长： 王仁贵（兼）

副秘书长： 冯兵罗（兼）　杨玉春

监　　事： 钱存山

▲ 2017 年镇江商业联合会召开五届二次会员大会

▲ 2018 年镇江商业联合会召开五届三次会员大会

▲ 2018 年镇江商业联合会召开四季度会长扩大例会

▼ 2019 年镇江商业联合会召开五届四次会员大会

（六）第六届理事会（2022 年— ）

特邀会长：张伟清

名誉会长：周凤霞

会　　长：张　文

顾　　问：王仁贵

法律顾问：席夏红　丁红枫

常务副会长：冯兵罗

轮值执行会长：潘培荣　任满平　董晓助　金　红

副 会 长：潘培荣　任满平　董晓助　金　红　杨永忠　黄金利　吴初新

　　　　　　陈立萍　王　涓　沈友骏　孙　云　周小明　刘跃进　刘雅婷

秘 书 长：冯兵罗（兼）

监　　事：竺红玉

▲ 2022 年镇江商业联合会召开六届一次会员大会

▲ 2022 年镇江商业联合会六届一次会员大会为特邀会长、名誉会长、法律顾问颁发聘书

▲ 2022 年镇江商业联合会六届一次会员大会为副会长单位授牌

▲ 2022 年镇江商业联合会召开四季度会长例会

▲ 2023 年镇江商业联合会召开六届二次理事会

▲ 2023 年镇江商业联合会召开六届二次理事会

1994-2024

第二章

领导赋能，共绘华章

　　30年来，许多领导到镇江商业联合会和会员单位检查、视察、指导和调研，体现了对商贸工作的重视与支持。他们肯定成绩、协调问题、引导启迪、激励鼓舞、提出要求，让商贸人士坚定了信心，振作了精神，增强了工作的责任感、使命感和紧迫感。

（一）领导题词（贺词、贺电）

上级贺词、贺电高瞻远瞩、殷殷寄语，领导题词春风化雨、言约旨远，给镇江商业联合会带来前行的力量，是宝贵的精神财富。

中国商业联合会
贺　词

镇江商业联合会：

　　欣闻贵会成立，我会表示热烈祝贺！

　　镇江商业联合会的成立，将有利于深化商品流通体制改革，有利于规范流通领域的社会商业活动，有利于地方商业流通部门的行业管理，加强上下左右的纵横联系，促进地方间、行业间、企业间的经济联合，推动地方经济的健康发展。

　　希望镇江商业联合会成立后，加强组织建设和自身建设，坚持为企业整体利益服务，搞好行业自律，充分发挥中介、服务、协调、指导的作用。

　　我会对贵会的盛情邀请表示感谢，希望我们两会之间加强联系与合作，共同为繁荣我国社会主义市场经济做出贡献。

中国商业联合会
一九九四年十二月十九日

中国商业联合会
贺　电

镇江商业联合会：

　　欣闻你会成立十周年，值此我会表示热烈的祝贺！

　　随着我国社会主义市场经济的不断完善，政府职能转变的进一步到位，以及加入世贸组织零售业全面开放承诺期限即临，商业联合会将面临新的发展机遇和挑战，承担的责任将更大。

　　希望你会以党的十六大和十六届三中、四中全会精神为指导，严格遵行章程，认真履行职能，把发展作为办会兴会的第一要务；坚持市场化原则，不断改革创新，与时俱进，更好地促进地方经济发展；坚持服务宗旨，不断提高服务水平和质量，推动行业健康发展，开创商会新局面。

二〇〇四年十二月三十日

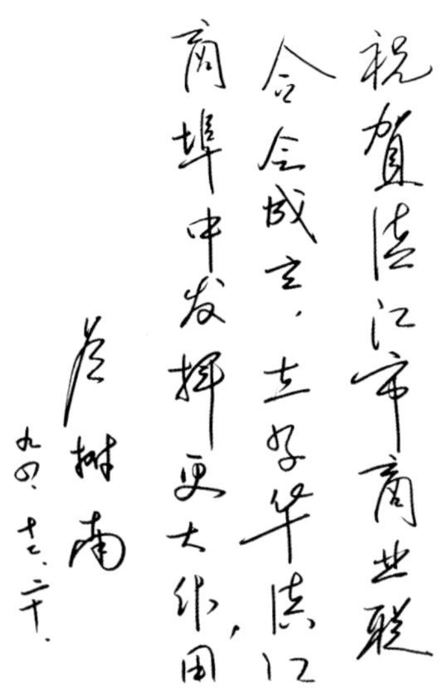

祝贺镇江市商业联
合会成立，并为华镇江
商埠中发挥更大作用

吴树南
九〇·十二·

镇江市委原常委、秘书长吴树南题词

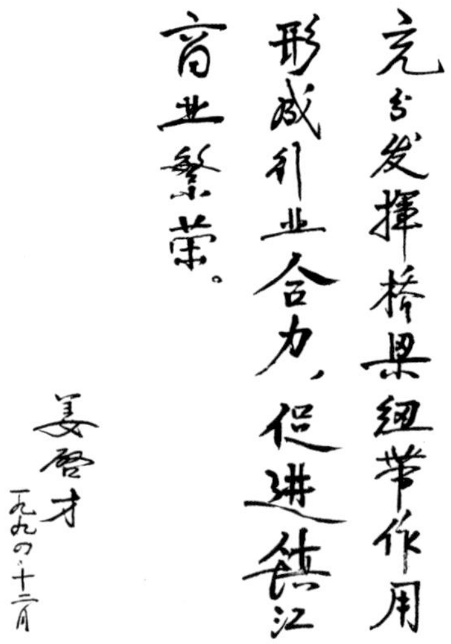

充分发挥桥梁纽带作用
形成利业合力，促进镇江
商业繁荣。

姜启才
一九九〇·十二月

镇江商业联合会特邀顾问
姜启才（镇江市人大原副主任）题词

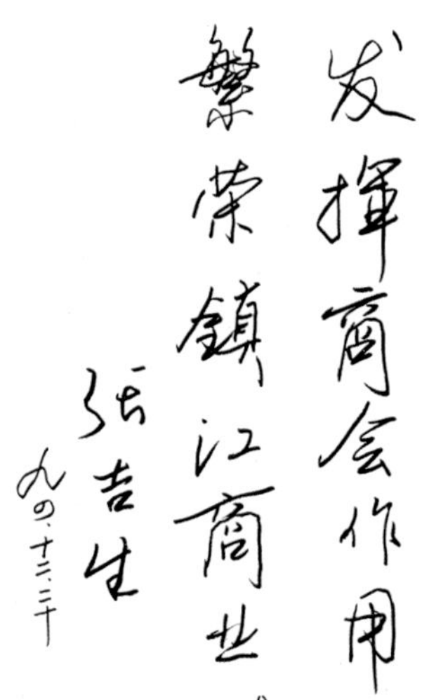

发挥商会作用，
繁荣镇江商业。

张吉生
九〇·十三·

镇江商业联合会名誉会长
张吉生（镇江市原副市长）题词

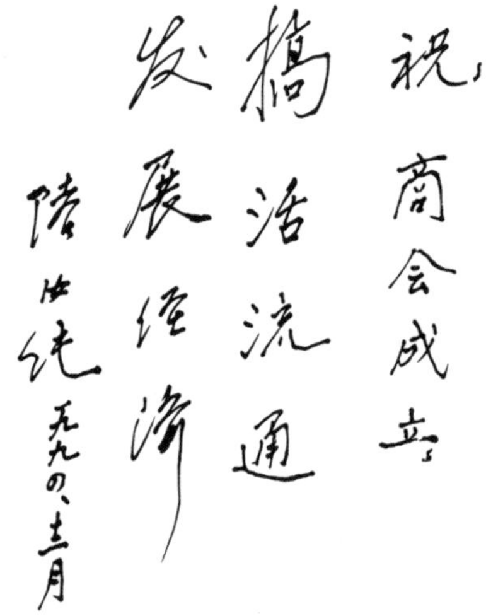

祝商会成立
搞活流通
发展经济

陆汝纯 一九九〇·三月

镇江商业联合会顾问
陆汝纯（镇江市政协原副主席）题词

（二）领导鼓劲

　　各级领导把推进商贸事业的发展作为大事来抓，支持和参与商贸活动，充分调动了镇江商业联合会各会员单位的积极性、创造性，他们充满智慧的话语鼓舞人心、催人奋进。

▲ 2020年11月镇江市委书记、市人大常委会主任马明龙在恒顺品牌创立180周年高质量发展峰会、"中国醋都·镇江"揭牌仪式上致辞，并与中国轻工业联合会会长张崇和共同揭牌

▲ 2022 年 5 月商务部驻南京特派员王选庆、江苏省商务厅厅长陈涛、镇江市市长徐曙海在镇江共同出席全省"苏新消费·夏夜生活"消费促进主题系列活动启动仪式

▼ 2022 年 6 月镇江市人大常委会党组书记、主任李健到镇江商业联合会指导工作

2008 年镇江市委常委、常务副
市长江里程走访商贸企业

▼

▲ 2019年1月镇江市副市长陈可可出席长申超市开业活动

▼ 2024年6月镇江市委常委、常务副市长张克，市政府副秘书长严明礼，市商务局局长杨国平出席"镇江金山消费节　嗨购畅游度盛夏"消费促进主题系列活动启动仪式

▲ 2024 年镇江市委常委、副市长周凯，中国工商银行江苏省分行副行长吴昊，镇江市政府副秘书长谈建新，江苏恒顺集团有限公司党委书记、董事长杭祝鸿和党委副书记高广出席商品展销会

▼ 2023 年 1 月镇江市副市长殷敏参加第 46 届恒顺酱醋文化节并致辞

（三）领导调研

各级领导深入会员企业，摸情况、找问题、拿对策，与商贸人士肩并肩，破难题、出实招、求实效，共谱商贸发展新华章。

▲ 2020 年镇江市委书记、市人大常委会主任马明龙调研商贸企业

▲ 2023 年镇江市市长徐曙海、市政府秘书长马国进、市商务局局长杨国平调研商贸企业

▲ 2017 年镇江市委副书记、市委政法委书记倪斌调研商品展销会

▼ 2020 年镇江市委副书记、市委组织部部长李健调研商品展销会

▲ 2020 年 9 月镇江市人大常委会副主任、市总工会主席王常生，市委副秘书长张伟清，市商务局局长谈沁磊出席"中国银行杯"镇江锅盖面大赛活动

▼ 2023 年 12 月镇江市政协副主席、镇江经开区党工委书记路月中，经开区管委会主任尹卫民调研市场供应情况

1994-2024

第三章
政治建会，党建引领

---

　　30 年来，镇江商业联合会切实加强政治建设，特别是党的十八大以来，坚持以习近平新时代中国特色社会主义思想为指导，自觉增强"四个意识"，坚定"四个自信"，拥护"两个确立"，做到"两个维护"，自觉同党的基本理论、基本路线、基本方略对标对表，确保始终沿着正确的方向前进。

（一）把政治建设摆在首位

　　每年有计划地组织理论学习，重点深入贯彻落实党的十八大、十九大和二十大及其历次全会精神，不断提升会员政治素质。2019年，开展"不忘初心、牢记使命"主题教育。2021年，在中国共产党成立100周年之际，组织会员单位广泛开展党史学习教育。2023年9月至2024年1月，深入开展学习贯彻习近平新时代中国特色社会主义思想主题教育，用党的创新理论统一思想、统一行动。2024年，认真组织实施党纪学习教育，学纪、知纪、明纪、守纪；认真学习贯彻党的二十届三中全会精神。

▲ 2019年7月镇江商业联合会组织会员单位开展"不忘初心、牢记使命"主题教育——参观南湖革命纪念馆

▲ 2019年7月镇江商业联合会组织会员单位开展"不忘初心、牢记使命"主题教育——参观中共一大会址

▲ 2021 年 9 月镇江商业联合会组织会员单位开展"建党百年"主题活动——金寨红色之旅

▲ 2022 年 7 月镇江商业联合会组织开展党史学习教育

▲ 2023 年镇江商业联合会组织会员单位参观新四军四县抗敌总会纪念馆

▲ 2023 年镇江商业联合会党支部组织"主题教育应知应会"答题考试

（二）建强功能型的党支部

2023 年，镇江商业联合会功能型党支部经批准成立。党支部成立以来，坚持以党建促会建，通过专题党课和党建活动，统筹推进思想建设、组织建设、业务建设和企业建设。各会员单位提高思想站位，立足实际，保持艰苦奋斗、奋发创新的昂扬斗志。

▲ 镇江商业联合会功能型党支部组织学习习近平总书记系列重要讲话和开展学习贯彻习近平新时代中国特色社会主义思想主题教育

▲ 2023 年镇江商业联合会集中学习党的二十大报告

▲ 2024 年 5 月镇江商业联合会功能型党支部组织党纪学习教育

▲ 2024 年 7 月镇江商业联合会组织会员单位学习党的二十届三中全会精神

▲ 2024 年 7 月镇江商业联合会功能型党支部与镇江市万方连锁超市有限责任公司党委共建签约

（三）发挥好党员先锋作用

　　镇江商业联合会党支部和会员单位党员自觉走在前、作示范，带头学习理论，带头参加各项活动，带头履行社会责任，带头廉洁自律，带头树立良好形象，发挥模范作用。他们奋进新征程，建功新时代，用智慧和汗水为推动全市商贸事业高质量发展贡献力量。

▲ 2023 年 1 月 镇江商业联合会会长张文向全市商贸领域发出生产运行安全倡议

▲ 镇江商业联合会党员赴镇江市公安局交警支队感谢其为会员企业办实事

▲ 镇江美迪雅洗涤化妆用品有限公司党员慰问一线抗疫人员　▲ 镇江市万方连锁超市有限责任公司党员参加抗疫活动

▲ 镇江商业联合会党员赴丹徒区宝堰镇开展商旅融合发展调研

第四章

担当作为，追梦潮头

　　30年来，特别是近年来，镇江商业联合会充分发挥平台引领作用，利用会员众多、联系企业广泛等优势，全面贯彻新发展理念，积极参与构建新发展格局，与会员单位风雨同舟、和衷共济，顽强拼搏、创业创新、加快发展，一同走过既艰辛又辉煌的历程，谱写了既激扬又奋进的乐章，不仅仅为一域增光，更为全局添彩，在镇江这片热土上创造出骄人的业绩。

（一）组织多种论坛讲座

在不同时期和不同阶段，镇江商业联合会邀请专家学者，有计划有针对性地组织形势、政策、经济、贸易和法律等知识讲座，及时向会员传递和宣传发展政策，使其掌握国际国内贸易走势动向，拓宽思路，开阔视野，提高工作水平。2016年，受江苏省商业联合会委托，镇江商业联合会承办第二届长三角商业论坛，中国商业联合会会长姜明到会致辞；2023年，受镇江市商务局委托，承办镇江锅盖面产业发展安全论坛。

▲ 2016年镇江商业联合会承办第二届长三角商业论坛

▲ 第二届长三角商业论坛参会代表

▲ 中国商业联合会会长姜明出席并致辞

▲ 江苏省商业联合会会长潘宪生主持

▲ 镇江市商务局副局长林丹如致辞

▲ 2016 年第二届长三角商业论坛会场

▲ 2022 年 12 月江苏国美律师事务所丁红枫带领镇江律师协会团队给镇江商业联合会会员单位讲授法律知识并解答相关法律问题

▼ 2023 年 1 月镇江商业联合会承办镇江锅盖面产业发展与安全论坛

▲ 2023 年 9 月镇江商业联合会六届三次理事会宣讲促进消费政策

▼ 2023 年镇江商业联合会组织税务优惠政策宣讲活动

（二）开展系列商贸活动

广泛组织会员单位主动适应新形势、新情况、新变化，积极开拓新市场、新业态、新领域。利用元旦、春节、"五一"国际劳动节、"十一"国庆节，举办和联办丰富多彩的促销活动，繁荣市场，丰富生活，便民惠民。参与镇江市招牌菜评选、江苏十大面点展赛、镇江锅盖面大赛等活动。2018年联合主办第九届江苏乡土风味"金山杯"烹饪技能大赛（水鲜美食专场）暨镇江市烹饪职业技能竞赛。协助江苏恒顺集团成功举办多届中国·镇江恒顺酱醋文化节暨调味品线上展销会。

▲ 2024年1月镇江商业联合会协办第47届恒顺酱醋文化节暨丹徒首届新春嘉年华

▲ 2011 年镇江市商务局局长刘吉顺出席"镇江·高桥暖鞋暖心节"活动并致辞

▼ 2018 年 5 月镇江商业联合会联合主办第九届江苏乡土风味"金山杯"烹饪技能大赛（水鲜美食专场）暨镇江市烹饪职业技能竞赛

▲ 2020 年 4 月镇江商业联合会主办镇江春夏应季调味食材品鉴交流会

▼ 2020 年镇江市委副秘书长张伟清出席镇江锅盖面大赛活动并致辞

▲ 2020 年 9 月镇江商业联合会协办镇江锅盖面大赛活动

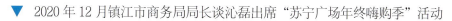

▼ 2020 年 12 月镇江市商务局局长谈沁磊出席"苏宁广场年终嗨购季"活动

▲ 2022 年镇江商业联合会协办"交通银行杯"镇江锅盖面大赛

▼ 2023 年 1 月镇江商业联合会协办 2023 镇江锅盖面产业发展与安全论坛

（三）全力抗击新冠疫情

　　会同会员单位响应中央、省、市部署，做好"六稳"（稳就业、稳金融、稳外贸、稳外资、稳投资、稳预期）、"六保"（保居民就业、保基本民生、保市场主体、保粮食能源安全、保产业链供应链稳定、保基层运转）工作。主动倡议号召会员企业加强新冠疫情常态化防控，积极宣传纾困政策，有序复工复产；同时动员会员单位积极捐款捐物，赢得良好赞誉。

▲　江苏恒顺醋业和黄石人民共战疫情

▲ 老字号"鼎大祥"助力白衣天使奋战抗疫一线

▼ 丹阳市商贸总公司志愿者开展猪肉食品消毒活动

▲ 镇江万方超市为抗疫提供生活物资保障服务

▼ 镇江凯源超市向战斗在防疫一线的同志们致敬

成立三十周年 镇江商业联合会

镇江商业联合会

关于认真做好疫情防控工作的通知

各会员单位:

　　为认真贯彻省市疫情防控工作要求,进一步阻断新型冠状病毒传播链,快速有效防止疫情扩散蔓延,保障广大市民健康安全,镇江商业联合会向各成员单位通知如下:

　　一、牢固确立防控责任第一责任的意识,统一全体员工意识,做到疫情防控从我做起、从本单位做起、从工作点滴做起,确保疫情防控工作不留死角。

　　二、各商贸网点限流、戴口罩、测温、验码、1米线、防疫消杀、通风等各项疫情防控措施必须严格落实到位。

　　三、加强各物流环节疫情防控管理,严格物品上架前的消毒管理环节,保持环境清洁卫生,压实各项管理责任,确保管控措施到位。

　　四、安全认真组织好货源,努力稳定市场供应,切实发挥主渠道作用,为政府和百姓服务好。

　　五、进一步加强员工管理,加强疫情防护培训,明确防护要求,做好员工健康监测,加强员工出行管理,实行"两点一线"上下班模式,提高员工对自身工作重要性的认识,做疫情防控的主力军。

　　六、如在工作中发现任何需报告情况,请各单位及时向有关部门报告。

镇江商业联合会

2021.7.28.

▲ 2021年7月镇江商业联合会《关于认真做好疫情防控工作的通知》

▲ 镇江商业联合会获得江苏省商业联合会和江苏省商业经济学会评选的2020年度抗疫和社团工作"先进单位"称号

（四）努力响应政府号召

聚焦政府工作，积极动员会员企业响应政府号召，服务政府工作重点，争当落实政府号召的推动者、践行者，助力镇江经济发展。

▲ 2020 年 11 月镇江商业联合会组织会员单位参观在上海举办的中国国际进口博览会

▲ 2023 年 12 月镇江商业联合会在全省率先组织商贸采购团参加第四届中国国际进口博览会

▲ 2023 年 11 月镇江商业联合会协办"一刻钟便民生活节"

▼ 2024 年 5 月镇江商业联合会组织调研镇江大学城商圈配套服务问题

（五）为会员企业办实事

围绕会员企业生产经营，帮助解决实际困难，服务发展大局。镇江商业联合会多次赴老字号企业、微小企业、明星企业、改制企业进行专题调研，积极向有关部门反映难点问题和诉求；为一批企业跨界合作、融通发展、融资贷款牵线搭桥，协调解决配送车辆特许通行、食品集中检疫和新办连锁门店等问题，支持企业坚守主业、做强实业、成长壮大。

▲ 2021 年 12 月镇江商业联合会召开"市场保供与交通畅行"专题座谈会

▲ 2022 年镇江商业联合会新成员——今抖云信息科技有限公司入驻镇江

▼ 2023 年镇江商业联合会到丹徒区茧丝绸总公司调研

（二）提升队伍素质

　　积极推荐优秀会员骨干参加省、市举办的高层次管理培训班学习。多次会同镇江市总工会、市人力资源和社会保障局等部门分层分类组织业务培训。多次举办营业员岗位技能竞赛。多次组织会员外出考察，并相互交流学习，促进优势互补、携手共进，有力提升了队伍素质，提高了会员工作能力。

　　▲ 2019 年 12 月江苏省商业联合会会长潘宪生在镇江商贸创新发展培训会上讲话

▲ 2018 年 11 月镇江商业联合会组织会员企业赴杭州阿里巴巴总部交流学习

▲ 2020 年 7 月镇江商业联合会组织会员企业赴苏州工业园区邻里中心交流学习

▲ 2023 年 6 月镇江商业联合会组织会员单位进行直播培训

▲ 镇江商业联合会协助组织 2023 年行业协会商会惠企政策大讲堂（第五期）

▲ 2020 年 12 月镇江商业联合会组织会员单位赴瑞祥科技集团交流学习

▲ 2024 年 4 月镇江商业联合会组织会员单位赴洛阳大张集团物流园交流学习

（三）完善工作机制

　　围绕打造信息集散平台、资源交流平台、跨界融合平台、政策传导平台、企业宣传展示平台，不断完善管理机制和工作机制。建立会长工作例会、轮值会长例会、先进评选、财务管理和审计等一系列制度，不定期编印《镇江商界》内刊，交流沟通信息。推进社团等级跃升，规范内部治理，廉洁自律，努力拓展服务功能，提升服务质量，提高服务效率。加强工作调研，形成一批调研报告，供政府和部门决策参考，部分调研报告在全省获奖。

▲ 2024 年 5 月镇江市政府副秘书长严明礼、市商务局副局长成锋听取镇江商业联合会工作汇报

▲ 2024 年 7 月镇江市商务局局长杨国平听取镇江商业联合会工作汇报

▼ 2020 年镇江商业联合会为年度优秀企业颁奖

▲ 2022年镇江商业联合会执行会长任满平在会长例会上发言

▼ 镇江商业联合会召开2022年一季度会长例会

▲ 2024 年 6 月镇江商业联合会与兴业银行股份有限公司镇江分行洽谈战略合作

▼ 2024 年 6 月镇江商业联合会召开建会 30 周年座谈会

▲ 镇江商业联合会管理制度

▲ 镇江商业联合会内部交流会刊

▲ 镇江商业联合会被评为 AAAA 级社会组织

▲ 2012 年镇江商业联合会课题组撰写的《镇江市商业竞争力研究报告》被《江苏省商贸流通业竞争力研究调研报告集》收录

（四）强化团结协作

依靠团结开展和推进工作，依靠团结构建发展新优势，持续营造"尊商、重商、亲商、安商"的浓厚氛围。镇江商业联合会多次受到上级表彰，获得会员企业一致好评。依托商业联合会系统平台，积极为会员企业争取荣誉。其中2名先进个人、2个先进班组受到人力资源社会保障部、商务部和中国商业联合会共同表彰。每年高质量向省商业联合会、省商业经济学会推荐先进集体和先进个人。

▲ 2023年12月镇江商业联合会协助组织"万方飘香杏花村文化节"

▲ 2021 年 10 月镇江商业联合会组织副会长单位赴镇江温州商会交流

▲ 2023 年 6 月镇江商业联合会组织知名商贸企业代表走进"恒顺味道"体验店

▲ 2024 年 4 月镇江商业联合会组织会员单位赴洛阳长申超市旗下子公司交流学习

▲ 2024 年 4 月镇江商业联合会赴镇江恺源旅游商贸有限责任公司调研

▲ 镇江商业联合会推荐的 2 名先进个人受到人力资源社会保障部、中国商业联合会表彰

2002—2003年度
先进社团
镇江市人民政府
二〇〇四年二月

镇江市"农工商杯"收银员职业技能竞赛
优秀组织奖
镇江市总工会　镇江市劳动和社会保障局
镇江市经济贸易委员会　镇江市贸易局　镇江市商业联合会
二〇〇四年八月

镇江市职业技能大赛
优秀组织奖
镇江市总工会
镇江市劳动和社会保障局
镇江市经济贸易委员会
二〇〇四年十二月

2008年职工职业技能大赛
优秀组织奖
镇江市职工培训教育技能竞赛领导小组
二〇〇九年一月

2013年度
优秀社会组织
镇江市民政局
二〇一四年一月

江苏省商贸流通服务业
优秀社团组织
江苏省商业联合会、江苏省商业经济学会
江苏省工商联商业行业商会
二零一六年度

创新机制·凝心聚力

1994-2024

第六章

会员风采，激扬时代

30 年来，镇江商业联合会团结带领全体会员从晨曦初现、蓝图初绘，到百花齐放、壮阔征程，显示出强大的组织力、号召力、凝聚力和生命力。各会员企业发挥"创新、实干、坚忍、担当"的企业家精神，满怀光荣与梦想，肩负使命和责任，保持定力，苦练内功，改革创新，努力在危机中育新机、于变局中开新局，争做爱国敬业、守法经营、创业创新、回报社会的典范，自觉走高质量发展之路，并迈向更广阔的经济舞台，展现更靓丽的时代风采！

镇江幸运食品有限公司

公司注册资金1800万元，为外商独资企业。公司位于江苏省镇江市丹徒区长香东大道78号，占地25亩，建筑面积15000平方米，固定资产7800万元，现有员工150人。公司拥有3条全自动高速方便面生产线，主要生产"幸运"牌油炸方便面，年生产量2亿包，年销售额1.5亿元。

企业通过了ISO22000食品安全质量管理体系认证，拥有完善的生产质量管理体系和严格的产品卫生检验检测制度。"幸运"牌方便面畅销中国30多年，深受消费者青睐，多年荣获"消费者信得过产品奖"。

"幸运"是干吃面的开创者，其高汤入面，口感劲道滑爽，适合泡、煮、拌、炒；"蟹皇"和"红烧排骨"两种口味是幸运方便面的特色口味，深受广大消费者的喜爱。作为幸运方便面的江苏生产公司，镇江幸运食品有限公司坚持贯彻集团"不忘初心，坚持走幸运特色"的道路；坚持"诚信、团结、责任、创新、纪律"的团队价值观；坚持"为客户创造价值"的宗旨；坚持"为消费者提供不断创新的美味、营养、健康的食品"的使命；致力于"成为中国知名食品企业"。

企业坚持技术改革与创新，不断提升生产线自动化、智能化水平，不断改善生产环境、加强产品品控，不断强化产品创新，每年投入大量研发资金，先后与江苏大学、合肥大学等院校联手合作，研发非油炸面及具有镇江地域特色的锅盖面、小刀面，并获得生产工艺方面的国家发明专利及方便食品的行业创新产品奖。

未来企业将继续坚持走幸运特色道路，做好传统经典产品，开创适应市场发展的特色新品，助力品牌发展和地方经济发展，为进一步将幸运食品做强做大提供坚强保障。

镇江味佳园食品有限公司

公司总部位于镇江市京口区，系新加坡独资专业经营定型包装食品企业，也是中国面制品行业的知名企业，主营生产、销售幸运牌方便面，拥有专业营销团队，已在全国十几个省及区域建立了拥有数百家成熟的经销商客户、数千家下游分销客户及数万家零售终端的销售网络。

公司拥有两个生产基地。一个坐落于镇江丹徒区，占地面积25亩；另一个坐落于安徽省淮北市濉溪县乾隆湖工业集中区，占地面积130亩。公司拥有标准厂房26000平方米，办公主活动区6500平方米，有多条国内先进的方便面生产线设备，年产量超过7亿包，年销售额达数亿元。

公司拥有"幸运""幸运Lucky"等品牌，以"为消费者提供不断创新的美味、营养、健康的食品"为使命，研发创造了"蟹皇面""红烧排骨面""味香108红烧牛肉面""长寿素食面"等经典产品。产品特点是满足消费者多种吃法，"泡煮干炒拌，样样都能吃"，30年经久不衰，深受消费者青睐。

公司秉承"诚信、团结、责任、创新、纪律"的价值观，以"质量第一、服务社会"为宗旨，近年来，又开发了经典系列、羊肉汤面系列、迷你杯面系列碗面，锅盖面系列、非油炸系列袋装面、礼品面、脆脆香及迷你脆脆香系列干吃面，丰富了幸运牌方便面的品种，更好地满足了消费者的需求，取得了良好的业绩。

展望未来，公司励精图治、改革创新，加大自主产品创新力度，加快区域市场拓展速度，为实现跨越式发展并成为全国性知名食品企业而奋斗。

江苏恒达时代科技股份有限公司

公司成立于1999年，是镇江国有投资控股集团有限公司旗下产业板块一员。公司深耕塑料容器制造行业20余年，致力于塑料瓶、桶、盖的研发、生产和销售。公司坚持"以客户为中心"的核心价值观，凭借优质的产品质量、专业的服务态度，已在行业内建立了广泛的知名度，为国内外知名企业提供优质产品。公司与恒顺醋业、千禾味业、老恒和、珍极、鸿兴源、利尔康医疗、利康医疗、赞宇科技、榄菊集团、上海家化、车仆、阳光电源等国内外知名企业均有战略合作。此外，公司还提供直播运营服务、算力服务器租赁、算力资源租赁及智能算力中心建设等多元化服务。公司将不断创新、追求卓越，为广大客户提供更加优质的产品和服务同时，也期待与更多国内外知名企业携手合作，共创美好未来。

镇江市万方连锁超市有限责任公司

公司拥有各类营业网点 20 多家，包括一个配送中心，以及南门大街农贸市场、京口闸农贸市场、万方果园、五条街中心菜场、镇江龙脑豆制食品有限公司、镇江新荣达调味副食品有限责任公司、康力油脂公司、镇江裕快物流有限责任公司，并参股镇江农副产品批发市场等多家企业。公司连续多年被镇江市政府授予"三放心"供应工作先进单位，先后获得市级文明单位、江苏省文明单位、镇江市百城万店无假货示范店、江苏省厂务公开先进单位、农产品消费帮扶先进单位等荣誉称号。公司主营食品销售、粮油销售、食品加工、住宿餐饮、货物道路运输等，是市政府菜篮子工程的重要组成部分，是市政府和有关部门指定的"三放心"采购企业，常年配送供应机关、学校、银行、企业等数十家大中型食堂。

　　2023年首届"万方·杏花村"杯长三角地区桥牌公开赛由万方超市主导开展，近千家各行各业精英代表参赛，现场气氛热烈。大赛邀请了镇江商业联合会主要领导讲话，多位书法名家为杏花村酒现场挥笔题字。

　　杏花村酒打造了"唐宋元明清"五个价位的中高端清香型53度白酒文化典藏系列，作为清香型白酒典范获得了多项国家专利。检测数据显示，杏花村酒的甲醇含量和铅含量都远低于国家标准，达到国际先进水平。杏花村酒不仅具备高端白酒的品质，其文化底蕴、价格定位也更加贴近老百姓的需求。

　　针对杏花村酒，未来万方超市将在三个方面下功夫：一是为近600名员工赋能，承诺员工职权不变，邀请其共同参与到杏花村酒的运作当中，获得与经销商同样的收益。二是为创业者赋能，实行"一二五计划"阶梯式优惠政策，诚意寻求志同道合的合作商和代理商。三是为政府赋能，将在312国道旁打造"万方杏花村"工业商业旅游地标，一个像家一样温暖的"快乐能量驿站"。

近年来白酒行业的集中度不断提升，名酒成为市场中不可多得的稀缺资源，而清香品类的名酒则更为稀缺。杏花村酒兼具名酒基因和卓越品质，在行业风口与自身实力的双重加持下，无疑将成为白酒"大清香时代"新一程的中流砥柱。

万方公司作为值得信赖的购物伙伴，深知广大消费者对品质的追求。公司精心挑选茅台葡萄酒的各类经典款式，从醇厚浓郁的干红到清新怡人的干白，从优雅细腻的陈酿到充满活力的新品，满足消费者多样化的口味需求。

镇江市恺源旅游商贸有限责任公司

　　公司成立于1998年，是镇江市区网点最多的本土连锁社区超市，主要从事生鲜、果蔬、鱼禽蛋肉、副食品、日用百货6000余种商品的零售。

　　公司经营网点遍布镇江市区主要生活小区，拥有社区直营网点21家，年销售额近3亿元人民币。公司经营始终坚持"信誉第一、顾客第一、质量第一"的宗旨，连续多年获得"消费者信得过单位""省级价格诚信示范单位""重合同守信用单位"等荣誉称号。

　　在长久以来的企业文化熏陶和优秀员工的引领下，公司员工拥有共同的信念，也拥有一个共同的名字——恺源人。

　　公司给予每一个恺源人公平公正的平台，他们在这个平台上如工匠一般，不断雕琢自我。他们对待顾客真诚，通过真心和用心的服务，使顾客满意；他们对待同事热心，互帮互助，共同进步；他们对待工作严谨认真，专注精进，以专业的态度、敬业的精神追求细节的完美，保证了工作的落实与完善。

江苏恒顺醋业股份有限公司

恒顺，创始于1840年清道光年间，是中华老字号企业，是镇江香醋技艺非物质文化遗产的传承者和发展者。恒顺依托"恒顺众生"企业价值观，将"恒顺味道全球共享"作为企业发展愿景，以不断满足消费者需求为己任，在传承企业发展血脉的同时努力回馈社会。

江苏恒顺醋业股份有限公司为全国食醋行业首家上市公司，食醋年产量达50万吨，醋市场份额占比约10%，广销101个国家和地区，连续20多年产销量全国领先，是全国现今规模较大、现代化程度较高的食醋生产企业。2022年中国品牌力指数显示，恒顺品牌稳居食醋品牌排行榜榜首，料酒销售额稳居行业第二，酱料品牌位居百强排行榜前十，为江苏镇江擦亮"中国醋都"城市名片。

近年来，恒顺坚定不移聚焦调味品主业，努力实现从"恒顺醋业"向"恒顺味业"的跨越，形成"做深醋业、做高酒业、做宽酱业"三驾马车，在保证基础调味品稳步发展的同时，把握复合调味料产业时代发展脉搏，实现"基础调味料与复合调味料"双轮驱动，逐步打造符合消费升级特征的新产品。

公司持续推进营销改革，利用营销中心下设分区布局全国，大力拓展线上业务，不断使品牌年轻化、布局全国化、渠道多元化、人才市场化。

恒顺拥有6000多平方米的研究实验场所和中试基地，是国家博士后科研工作站、国家认定企业技术中心、江苏省工程技术中心。恒顺品牌产品先后5次获国际金奖，3次蝉联国家质量金奖，成为欧盟地理标志产品、中国名牌产品。恒顺曾先后获得农业产业化国家重点龙头企业、国家智能制造试点示范工厂、建国70年中国调味品产业社会卓越贡献企业、国家知识产权示范企业、中国慈善

公益 500 强企业、全国食品工业科技竞争力卓越企业称号，以及江苏省重点培育和发展国际知名品牌、亚洲名优品牌奖、中国专利奖、国家技术发明奖等荣誉。

企业自行投资建设的恒顺工业园区先后被列入国家工业遗产旅游示范基地、国家工业旅游示范基地。

镇江美迪雅洗涤化妆用品有限公司

公司成立于 2002 年，地处景色秀丽的江南水乡——古城镇江，主要经营各类化妆品、洗涤用品、洗发用品、护发用品、护肤用品、护革用品、家用清洁剂、杀虫剂、生活用纸等 6000 余种。公司是 20 多个品牌的镇江地区（丹阳、丹徒、扬中、句容）经销商，下属销售网络 1000 多家。公司现有员工 100 多人，其中业务人员 60 多人，营业大厅面积 1000 多平方米，仓库面积 5000 多平方米，有各类大中小型运输车 10 余辆。

公司以市场为导向，坚持以发展的理念服务市场和客户，以覆盖分销为主，做深做细市场。公司具备完善的管理制度，实行现代化管理方式。2004 年被评为镇江市"贸易企业改革发展工作先进单位"，2007 年被评为镇江市"贸易企业创新发展先进单位"，2010 年被评为镇江市"劳动关系和谐企业"，2012 年成为镇江市商业联合会副会长单位，2020 年被评为镇江商业联合会先进集体并被授予"抗疫斗争先进集体"荣誉称号。

公司成立至今，秉存勇于创新、不断争先的经营理念，心怀诚信服务、顾客至上的经营宗旨，力求互惠互利、共生共赢的合作关系，已发展成为沪宁线上闪耀的商贸之星。

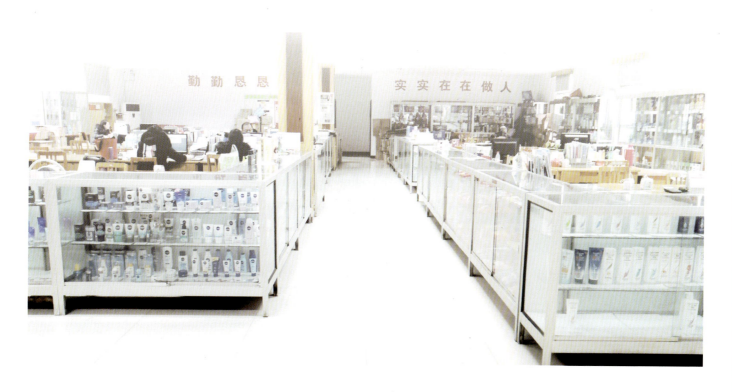

扬中市商业联合会

在扬中市委、市政府的关心和支持下，在镇江商业联合会的帮助和指导下，在社团管理部门扬中市民政局和业务主管部门扬中市商业集团有限公司的监督管理下，扬中市商业联合会认真履职尽责，紧紧围绕协会助推经济、服务会员的办会宗旨，充分发挥桥梁纽带作用，积极组织商贸流通业、饮食服务业、电子商务物流业等行业会员单位开展学习培训和系列活动，形成行业合力和整体优势，促进市场经济的繁荣和发展。

▲ 协助组织"扬中味道"乡村美食大赛

▲ 多国驻华大使及夫人游扬中、画河豚

▲ 扬中市民及游客向长江投放河豚鱼苗

▲ 组织会员单位慰问疫情防控人员

扬中市商业集团有限公司

　　公司前身是扬中商业（集团）总公司，成立于 1992 年 12 月，2010 年 3 月扬中市政府机构改革，不再增挂扬中市商业局的牌子，整建制转为市属国有企业，为市政府首批国有资产授权经营单位。2021 年 5 月，按照全民所有制改革要求，改制为国有独资公司，现由扬中市政府国资委直接监管。集团公司主业定位为商贸流通、资产管理两大板块，经营范围包括百货零售、小额贷款、食品加工、冷链物流、租赁服务、娱乐休闲、餐饮美食等领域，拥有各级全资、控股、参股公司 10 家。

▲ 时任扬中市委书记殷敏视察商业集团下属通达商厦

▲ 扬中市商业集团有限公司原总经理包良俊荣获全国商贸流通服务业劳动模范

▲ 扬中市商业集团有限公司获评 2022、2023 年度扬中市十佳优质服务单位

▲ 扬中市商业集团有限公司获评江苏省商贸流通服务业模式创新示范企业

▲ 通达商厦连续 14 年蝉联扬中市十强服务业企业

句容市便民超市有限公司

公司成立于 1998 年 6 月，是目前句容地区最大的本土化商业零售连锁经营企业，拥有员工 351 人，下辖直营分店 12 家、联营店 3 家、综合配送中心（含生鲜）1 家，经营品类以生鲜、食品、服装等为主，年实现销售额 2 亿多元。公司一直坚持以顾客需求为导向，践行诚信、敬业、创新、团队协作的核心价值理念，全力推行"优质""低价"和"不满意就退货　购物风险等于零"的经营理念，努力打造"生活的邻居　百姓的便民"品牌形象。

2012 年起依托 IBMG 国际商业管理集团的顾问项目合作，公司成功实施了门店结构调整和升级改造，强化了品类管理，建立了标准化运营体系、采购体系和标准化生鲜管理体系。2016 年全面创新转型，参股成立了句容便民电子商务有限公司，走上线上线下融合发展的全渠道经营之路。2017 年承办了镇江市政府"十件民生大事"之一的"万科邻里中心"建设任务。2017 年 5 月，在中国商业联合会举办的第十二届"中国零售商大会"上荣获"十佳成长型标杆企业"称号；2019 年入选商务部"2018年城乡消费服务中心建设典型案例"；2021 年注册成立了句容便民优选电子商务有限公司，开始大力拓展"社区团购"业务，年销售额突破 1000 万元；2022 年投资 1000 多万元在张庙工业园区新建了标准化的配送中心（含生鲜），2022年被中共句容市委、句容市人民政府评为"二十强服务业企业"。

丹阳市工业和商贸资产管理中心

2022年9月，根据丹阳市委机构编制委员会"丹编委〔2022〕25号"文件规定，整合丹阳市工业资产管理中心和丹阳市商贸资产管理中心，组建成立丹阳市工业和商贸资产管理中心，为丹阳市政府直属事业单位，机构规格为正科级。下辖丹阳市食品有限公司、丹阳市饮食服务有限公司等4个国有企业，党委下设12个党支部。机关内部设有办公室、组宣科、财务科、档案管理科、老干部服务科、企改托管科、资产管理科、信访科8个部门。核定事业编制人员37名，现有在编人员31名。

中心主要承担所属国有资产及全市商业、物资流通领域资产的经营与管理工作，履行全市生猪屠宰管理职能，强化对国有企业人事、资产、物资的监管，指导经营性企业开展正常的经营和商品流通，盘活所属国有资产，督促监管下属企业和租赁户安全生产，排查整治既有建筑安全隐患，统筹协调企业遗留问题和矛盾的化解。

镇江商业联合会 成立三十周年

镇江市鼎盛房产买卖代理有限公司

公司成立于 2001 年 7 月，成立以来一直秉承"诚实守信，一言九鼎"的服务宗旨，以"真诚的服务，帮助客户找到理想家园"为理念，坚持"阳光操作，不赚差价"，让消费者买得放心，让卖房者卖得安心。公司致力于打造值得客户信任的房产买卖代理品牌，将"军队＋学校＋家庭"的企业文化融入公司。公司凭借开拓进取、勤奋踏实、客户至上的敬业精神，追求信誉第一、效率优先的工作态度，主动积极、认真负责的工作作风，赢得业内外人士的赞誉。

镇江凯发商业有限公司

　　镇江凯发商业有限公司为专业副食品批发企业，自1994年成立以来，秉承"抓好品牌；占有通路；信誉与服务并重；尽心、尽责、尽力"的经营理念，不断开拓创新，现已成为众多优质名牌产品在镇江的经销商，是镇江各商场、超市的主力供应商。

　　经过30年的努力，公司拥有员工近50人，全电脑网络化管理，采用数字办公系统，自有土地近10亩，办公楼面积2000平方米，仓库面积4500平方米，有机动车辆20台。公司是镇江商业联合会副会长单位、镇江市副食品行业协会会长单位、镇江副食品行业十佳单位。销售渠道覆盖镇江市、丹阳市、扬中市、句容市各乡镇地方单体大小超市。

身体要健康 常来喝鱼汤

镇江金山早茶（镇江毕士荣餐饮管理有限公司）

　　金山早茶依托金山，品牌文化中融合了金山禅宗人文典故，荟萃了淮扬名小吃，是镇江经典美食品牌，致力于成为中国健康早茶连锁行业领跑者。

　　金山早茶传承江南早茶文化，坚守传统工艺，每天由师傅现熬特色鱼汤、现做手工包子。企业坚持选用新鲜食材，精益求精；坚守茶韵，现泡飘香，风靡江南，食客络绎不绝。

　　一碗鱼汤面，三代技法传承！镇江金山早茶荣获江苏十大地标早茶品牌代表性企业称号，2016年被评为镇江市知名商标和江苏省著名商标。

　　经过不懈的努力，如今金山早茶分店已经遍布华东地区，镇江、苏州、

昆山、无锡、常州、常熟等地都有金山早茶连锁门店。企业的理念是坚持传承镇江本味，坚持产品匠心品质。

"身体要健康，常来喝鱼汤"是食客常说的话，也是金山早茶的宣传语。

人们在金山早茶用餐，可以感受到中华餐饮文化的丰富多彩，了解到更多中国传统文化的魅力，在享受美食的同时也得到了美好生活品质的体验。

金山早茶宣传了镇江的文化历史，建立和促进了城市之间的友谊。

镇江鼎大祥商贸有限公司

　　镇江自近代辟为商埠后，传统绸布业逐步发展，至民国时极为繁荣，但在抗战中遭受沉重打击。为重振国货，1939年，杜友梅、袁叔和、柳文伟、关雨农、关友书五人合资创办了"鼎大祥"，寓意"三足鼎立，以义生祥"，店址设在镇江市大西路现店址处。

　　1943年，"备货齐全，货真价实，珍视商誉，一诺千金"的鼎大祥店面扩大3倍，快速发展。抗战胜利后，鼎大祥已是当时镇江绸布业中规模大、品种全的"业界龙头""面料大王"。

　　1954年，经私营工商户的社会主义改造，鼎大祥成为镇江首家国营纺织品专业商店。

　　1966年，鼎大祥更名为"向阳绸布商店"。

　　1987年，恢复"鼎大祥"字号，著名书法家武中奇先生欣然为鼎大祥题写店招，传为佳话。

　　20世纪90年代，鼎大祥陆续被评为"江苏省著名商标""江苏省价格诚信单位"，先后获"十佳诚信服务示范店""消费者满意商店"等称号。

　　2011年，鼎大祥获中华人民共和国商务部认定的"中华老字号"称号。

　　2020年，鼎大祥荣获"全国商贸流通服务业先进集体"及"江苏省放心消费创建先进示范单位"称号。

　　传承经典，演绎内涵。鼎大祥沿袭红帮裁缝"四功、九势、十六字"标准，结合传统的推、归、拔、烫等工艺，通过量体、裁剪、试样、定样、缝制、检验等环节，让每位客户的个性都得到完美彰显，充分体现鼎大祥服装"百年品牌·尊贵一生"的经营理念。

镇江精创文化创意产业有限公司

　　历经数年的发展，镇江精创文化创意产业有限公司已成为一家专业的文创产品设计开发、企业策划、平面设计与制作和商务礼品销售公司。公司下设策划部、设计部、礼仪礼品部和制作部，汇聚多名策划、平面设计、摄影等专业人员，具有超前的设计理念、创意思维和丰富的设计经验，多次在省、市设计竞赛中获奖。制作部拥有一支技术娴熟、认真负责的制作和安装队伍；礼仪礼品部代理和经销多个国内外知名品牌的各类商务礼品，并服务于多家企业举办各类大、中型活动。

　　公司服务对象遍及政府、金融、电信、房地产、工业、商贸、教育、电子科技、休闲娱乐等部门及领域，凭借专业的水准、高效率的团队合作和认真负责的态度，公司为客户赢得了良好的市场效应，也赢得了客户的信赖，并获得了业内同行良好的口碑。

中国人民财产保险股份有限公司镇江市分公司

中国人民财产保险股份有限公司镇江市分公司是全市最大的商业性财产保险公司，下设7家区（县）分支机构（支公司）、3个市级机构营业部，网点覆盖全市城镇，主要承保机动车辆保险、企业事业单位财产保险、工程保险、家庭财产保险、货物运输保险、船舶保险、农业保险、信用保险及各种责任保险等险种、险别500多个，凭借人保全国系统网络优势和公司规范、快捷、优质的服务，承担着全市企业财产、家庭财产、运输工具等2500亿元的巨额风险，尽心尽力为全市国民经济发展和人民生活安定保驾护航。自2003年人保财险海外上市以来，中国人保财险镇江市分公司也同步迅速发展，2022年度实现保费收入13.57亿元人民币，占市场份额的41.44%；2023年度实现保费收入15.27亿元人民币，占市场份额的41.69%，公司保费规模和市场份额在镇江区域保持领军地位。

作为处于行业主导地位的财产保险公司，中国人保财险镇江市分公司十分重视特色服务品牌的打造，率先开办了为"平安镇江"建设保驾护航的"契约联防"保险和为木材加工业基地提供风险保障的种植业保险，受到上级监管部门和省、市政府的高度重视；积极响应江苏省政府《关于开展全省农业保险试点的通知》精神，通过与地方政府联办共保的方式开办了政策性农业保险，成为镇江地区唯一一家农险试点保险公司；在全市历年

机动车辆保险政府采购招标中，均拔得头筹；高度重视与大型工矿企业合作，积极提升系统、高效服务大企业的水平，与江苏索普（集团）有限公司、江苏镇江发电有限公司、国电谏壁发电厂、江苏沃得集团、江苏恒顺集团、中电电器等一批大企业持续保持良好的承保合作关系；积极参与京沪高铁、润扬大桥、扬中三桥等重点建设项目的保险跟踪服务，主动配合地方经济建设。公司"主动、迅速、准确、合理"的服务理念，获得了客户及各级政府的好评。

在大力发展保险业务的同时，中国人保财险镇江市分公司还积极投身见义勇为、扶危济困、慈善捐助等社会公益事业。坚持行业自律和团结协作，在推进产、学、研融合交流和地方保险业做大做强方面勇担重任，发挥了积极的引领和表率作用，树立了公司积极履行社会责任、服务和谐社会的良好形象。近年来，中国人保财险镇江市分公司先后获得镇江市首届服务质量奖和江苏省服务质量奖，获评消费者信得过单位、按比例安排残疾人就业工作先进单位、"双结双帮"先进单位、市级文明单位和先进单位、关心支持见义勇为事业先进单位、镇江市消费者权益保护工作先进集体、镇江市十佳文明示范窗口、江苏省诚信单位等多项荣誉，多次被评为全行业诚信服务先进单位，获评2014—2020年度江苏省消协诚信单位，2016—2020年连续四个年度被评为放心消费先进单位，客户满意度和社会美誉度不断提升。

泰州市梅兰春酒厂有限公司

泰州有着悠久的制酒历史，有唐朝泰州贡酒、宋朝雪醅酒、清代"秋露白"。20世纪80年代初，梅兰春酒厂研发、酿造出芝麻香型白酒，开创了中国芝麻香型白酒之先河，并作为中国白酒十二大香型酒被写入中国白酒教科书，成为中国芝麻香型白酒的代表。

在全体员工的努力下，企业规模不断发展壮大。全厂占地面积19余万平方米，库存原酒60000多吨，年产梅兰春原酒15000吨，销售市场不断扩大，全国有13个省近1000家名烟名酒店加盟。2010年公司成立芝麻香型白酒研发中心，专门从事芝麻香型白酒的研发，公司已发展成全国专业芝麻香型白酒酿造基地。

▲ 时任江苏省人民政府副省长张雷视察梅兰春酒厂

▲ 梅兰春酒在白酒泰斗沈怡方先生精心指导下，由公司高级工程师和研发团队研制而成，开创了中国芝麻香型白酒之先河

▲ 梅兰春酒因酱香工艺的升华被载入中国白酒教科书

镇江万源酱醋有限公司

　　公司起源于清末道光年间江苏镇江宝堰镇的"万源酱坊"，经历百年风雨沧桑，至今仍保留着最传统的酿造工艺，是"镇江香醋"传统酿造、传统制酱工艺保留最完整的工厂。其独特的酿造风格、一丝不苟的酿造工艺、珍贵的酿造资源和文物级的酿造工具，受到国内外同行的广泛关注和赞誉。万源酱坊是电视剧《酸哥甜妹》镇江香醋生产场景的拍摄基地。

　　万源酱醋一直致力于对传统酿造工艺的传承和创新，经由美食家、营养学家、生物工程师联合打造，开发的镇江特色产品——中泠泉镇江锅盖面汤料，成为镇江市场头部产品并引领市场潮流。

　　餐饮是反映中国5000年文化的"活化石"，镇江味道是古老智慧的传承，镇江锅盖面作为镇江特色餐饮，无论是汤料的熬制，还是面条的工艺，无不反映镇江特色。中泠泉蟹醋和镇江锅盖面汤料，五味调和，结合了淮扬菜系和上海本帮菜，以及苏、锡、常帮菜的特点并自成体系，形成了独有的镇江味道。

镇江锦绣皇宫大酒店

　　镇江锦绣皇宫大酒店是一家准四星级酒店，位于镇江市学府路 87 号，总建筑面积 1.2 万平方米，总投资 8000 多万元。特邀深圳资深设计公司南粤设计有限公司进行整体设计，酒店主体风格为欧式，结合现代时尚设计之精华，整体装修围绕现代化、人性化、节能环保化实施。

　　酒店一层的宴会厅充满浓郁的现代情调，二至四层有 20 多间风格各异的豪华餐饮包间。其中，星空厅及水晶厅独具特色，豪华气派，可同时接纳 1400 多位宾客就餐。65 间精致舒适的客房分布在五、六层，大小会议室 3 个，房间视野开阔、安逸静谧。各种档次的客房装饰高贵典雅，配套设施齐备。酒店还设有地上地下停车泊位 300 多个。

　　酒店倡导诚信经营，以科学化、规范化管理为重点，狠抓企业精神文明建设，以"宾客至上，服务第一"为经营宗旨，以科学的经营机制和管理方法不断追求卓越。

镇江恒顺米业有限责任公司

公司成立于 2001 年 10 月，是恒欣生物科技有限责任公司全资子公司（恒欣生物为恒顺集团参股的民营企业），位于镇江丹徒新城陆村，占地面积 4348 平方米，建筑面积 2147.1 平方米，注册资本 5000 万元，年销售收入 3 亿元人民币，集生产、储存、加工、销售功能为一体，先后获得江苏好大米十大品牌、镇江好大米金奖、市龙头企业、市名牌产品等荣誉称号，以及绿色食品认证、无公害产品认证、无公害产地认定、省A级证书。

公司基地位于丹徒区宝堰镇、辛丰镇，主要采用"公司＋合作社＋家庭农场"经营模式，严格按照操作规程精心栽培稻米植株，在无污染的条件下种植，不使用高毒性、高残留的化学农药。主要品种有江南大米、软香米、北固山大米、稻鸭共育米等。基地种植面积约35000 亩，其中绿色稻米基地面积 10000 亩。绿色稻米基地按照种植技术要求，推广稻鸭生态种养技术，各项质量控制措施得到了绿色食品认证专家的好评。

十年磨一剑，恒顺米业从原来的年产量只有 1 万吨大米，发展到年处理稻谷 8 万吨，从原粮到成品，由原来的人工搬运到现在的管道输送，公司不断成长壮大。工欲善其事，必先利其器，在国家政策的扶持下，公司投入数百万元对仓储、加工工艺进行优化升级，对环保除尘等项目进行技改，购置多台加工设备、脉冲除尘设备、仓储设备，提高加工能力，减少环境污染，同时从种植到加工全过程实现了可追溯控制，产品在市场上更具有竞争力。

公司坚持"以质量求生存、以信誉求发展"的经营理念，确保产品质量，保证产品售后，将品牌做响、品质做优、企业做强、效益做大。

江苏恒顺包装有限公司

公司位于江苏丹阳经济开发区，主要生产高档瓦楞纸板和纸箱，占地面积3万平方米，建筑面积3万平方米，注册资金5300万元，是百年国企江苏恒顺集团的全资子公司。

公司拥有台湾协旭高档瓦楞纸板五层线、二层线，上海鼎龙高速自动多功能印刷机等纸箱生产设备20多台（套）。公司现有员工100余人，拥有一支高素质的管理团队和经验丰富的员工队伍，年产1.5亿平方米高档瓦楞纸板、5000万只高档瓦楞纸箱；与玖龙纸业、江苏理文、无锡荣成、安徽山鹰、江苏长丰等著名原纸厂家建立了战略伙伴关系，在为恒顺集团配套纸箱的同时，还为苏南、苏中市场提供高档纸板、纸箱。

2023年公司实现总产值1.2亿元，先后通过ISO9001质量管理体系、FSC森林体系认证、安全生产标准化（三级）评审，以"规范化、精细化、标准化、信息化、特色化"的管理理念实现了高质量发展，获得业界的高度认可。

江苏富康食品有限公司

公司是由扬中市商业集团有限公司和绿洲新城实业集团有限公司共同出资成立的国有企业，注册资本1.5亿元，成立于2012年9月，是扬中市唯一一家集生猪定点屠宰，牛羊、家禽集中屠宰，及其批发、销售的综合食品公司。公司以生猪、牛羊、鸡鸭鹅屠宰为重点，以加工、冷链、运输、零售4项服务为基础，秉承"新鲜、安全、营养、健康、绿色"的发展理念，定位为可追溯的食品供应链综合服务平台，致力于保障扬中市"菜篮子"工程和"放心肉"工程。拥有丹麦进口全自动生猪、牛羊、鸡鸭鹅屠宰流水线，年屠宰量可达生猪20万头、牛3000头、羊6万只、鸡鸭鹅600万羽；拥有低温库、冷却间、排酸间、冷冻间等冷库11座，面积达1200平方米，年周转量达1.6万吨；拥有配套冷链运输车辆，可为客户提供专业化运输服务；在扬中市区金苇路拥有220平方米的"富康肉庄"肉制品综合销售旗舰店，在扬中地区已具有一定影响力，得到当地市民认可和肯定。同时，公司还建立了一整套配送体系，可为扬中市机关、企事业单位、学校、饭店提供定制配送服务。

江苏省丹阳市食品有限公司

　　江苏省丹阳市食品有限公司是一家国有股份制公司，注册资本1000万元。作为丹阳市唯一一家生猪定点屠宰企业，多年来，公司坚持对标行业标准，深耕专业领域，积极拓展产品延伸业务，不断提升企业核心竞争力，成为镇江地区的行业标杆和省级先进。

　　公司业务涵盖生猪调运，屠宰加工，分割配送，猪肉、牛肉及副产品批发零售，冷藏运输等多个环节，形成了较为完整的产业链。其中生猪屠宰业务是公司的核心业务之一，生猪屠宰量在20万头/年，拥有2条机械化生猪屠宰线、1间专业的检测实验室、1座预冷库和1个专业的猪肉批发市场，软硬件设施设备配套齐全。在生猪定点屠宰管理过程中，公司严把生猪进场关，严格检疫检验程序，规范屠宰工艺流程和市场管理，为群众提供新鲜、安全的猪肉产品。2011年5月取得国家A级屠宰许可证；2018年获评江苏省第一批生猪屠宰标准化示范企业。

　　2016年，公司依托屠宰业务和猪肉批发市场，自主发展猪肉分割加工和配送业务，创建了"丹食"品牌。拥有1000平方米的分割加工中心，配套2条自动化分割线、5座冷库和预冷库、20辆冷链配送运输车。设立城区直营门店1家，入驻乡镇超市4家，为超过150家企事业单位和机关食堂、餐饮机构，以及中小学、幼儿园提供猪肉产品。在提供个性化定制服务的同时，引进水产品、牛肉产品、干货、粮油等优质农副产品，丰富商品种类，拓宽经营范围，构建了覆盖丹阳城乡的配送体系，经营规模和品牌效应稳步提升。

　　公司坚持战略规划，秉持专业精神，专注食品细分行业，实行精细化管理，不断强化企业内控和合规建设，构建了一套覆盖全链条的食品安全管理体系，通过了ISO9001质量管理体系认证、ISO22000食品安全管理体系认证、ISO14001环境管理体系认证、GB/T45001—2020职业健康安全管理体系认证、HACCP危害分析和关键控制点体系认证。未来，公司将聚焦主业主责，以促进企业新质生产力的发展和地区的食品安全为己任，实现高质量发展。

镇江仙妻味业有限公司

公司位于镇江市丹徒区辛丰镇山北村，距连镇高速铁路大港南站仅5公里，距沪宁高速铁路丹阳站仅15公里，距阜溧高速公路出口仅6公里，交通极为便利。

公司成立于2000年10月，前身是镇江市润州仙妻调味品厂，2001年8月与台商合资成立镇江仙妻味业有限公司，厂区占地面积35亩，建筑面积8000多平方米。

公司为江苏省民营科技企业、丹徒区农业产业化龙头企业、江苏省高新技术企业培育库入库企业、丹徒区商业联合会副会长单位、丹徒区台湾同胞投资企业协会理事单位，并通过HACCP食品安全保证体系认证和ISO9001质量管理体系认证，通过镇江海关颁发的出口食品生产企业备案，具有自营进出口权，同时也是镇江市醋业协会成员单位，并获得镇江香醋地理标志，成为镇江香醋集体商标获准使用的企业。

公司现有多个品牌的食醋食品、醋泡食品、料酒等100多个品种。

食醋产品有镇江香醋、镇江陈醋、白醋、草菇香醋、宴会醋、蜂蜜醋、凉拌醋、蟹醋、皮蛋醋、海蜇醋、肴肉醋、锅贴醋、沾肉醋、饺子醋等品种，还拥有养生醋、养颜醋多个醋饮料品种。

醋泡食品有老坛醋豆、醋泡葡萄干、醋泡花生、醋泡海带、老坛醋蒜、老坛醋姜、老坛醋椒等品种。醋泡食品系列获得镇江市创新产品一等奖，并在多种博览会、交易会上获得过金奖。

料酒有宴会料酒、葱姜料酒等。

镇江丹徒区茧丝绸总公司

镇江丹徒区茧丝绸总公司为1997年成立的政府直属事业单位,下辖区蚕桑技术指导站、区蚕茧有限责任公司、原丹徒区丝绸厂3个企事业单位。主要职能是贯彻实施国家、省、市关于茧丝绸行业的各项方针、政策和法规,制定本区茧丝绸行业管理的办法、意见和实施细则,并负责组织实施;巩固农村产业结构调整的成果,进一步完善茧丝绸经营管理体制,加快实施茧丝绸贸、工、农一体化及产、加、销一条龙发展战略,促进茧丝绸生产经营持续、稳定、高效发展,提高经济效益,增加农民收入;制订全区茧丝绸行业的发展战略和中长期规划及各项年度计划,负责全区蚕桑生产基地、蚕茧收购网点布局的安排;在本区范围内,负责蚕茧收购和经营,严格执行国家蚕茧收购价格政策;加强蚕桑生产的技术指导、管理和培训,建立技术服务网络和培训基地,及时推广新技术、新品种,确保稳产高产,积极围绕农业产业结构调整,开发蚕桑综合利用功能,为蚕桑经济市场提供优质原料和产品;实行行业管理,规范生产和经营秩序,会同市场监督、物价等部门对全区蚕茧生产市场进行监督、检查,查处无证收购、非法经营活动;负责本区范围内茧站设立的审批和核发"蚕茧收烘委托证"工作;完成区委、区政府交办的其他事项和下属区蚕茧公司、丝绸厂的人员工资福利、金融债务化解、土地资产管理、相关维稳等协调和管理工作。

随着产业结构的调整和经济增长方式的转变,蚕桑生产正逐步向健康食品、旅游文化等方向转变,公司开展了"投入＋指导＋基地"三联动的工作管理模式,农民的参与度、机关部门的支持度不断提升,助力了相关地区的乡村旅游,重拾了传统乡村文化,带动了近千名农民的就业和增收。全区共有各类品种桑田1918亩,主要分布在宝堰镇、上党镇、世业镇、高资镇、高桥镇等地,建有4个特色基地和2个示范园,分别是宝堰果桑生产综合示范基地、上党蚕桑制品原料生产基地、世业洲采摘旅游休闲及蛋白桑产学研示范基地和高资镇果桑苗木试验示范基地,以及世业洲开心农场蚕桑科普园和中国农业科学院蚕研所蚕桑科教园。

镇江今抖云信息科技有限公司

公司作为苏州今日视界团队成员之一，成立于2023年，位于镇江市润州区南徐大道62号网易联合创新中心8楼，是一家以软件和信息技术服务业为主的企业，也是抖音生活服务认证服务商，全面拥抱巨量引擎全系产品矩阵（字节跳动商业化品牌），集巨量引擎平台广告综合代理和抖音生态服务商等多种身份于一体。镇江今抖云主营巨量广告、抖音电商和抖音生活服务，业务覆盖范围包括政务、文旅、教育培训、银行、零售、餐饮及综合行业，同时拥有自己的集星端口及本地生活城市账号，已招募200多位达人。团队依托字节平台资源，为企业提供品牌营销、活动策划、直播电商、效果广告运营、短视频拍摄、达人资源、线上线下资源整合等多维度营销服务，以优质内容为支撑，以平台流量为工具，帮助企业不断开拓经营新高赛道。

2023年11月公司与镇江市文化广电和旅游局承办了"播动青春镇能量"电商直播大赛，受到社会各界广泛关注，选手直播期间累计网络播放量近3000万人次，参与创作者超过1000人。参赛选手们不仅展示了自己的才华和技能，还通过与百万粉丝大V同台直播的方式，为"镇江优品"带货，推广了镇江特色好物和福利，推动镇江消费升级。

2024年7月镇江今抖云携手镇江十三式烤肉自助餐举办的直播取得了非凡的成果，不仅单日直播观看量突破百万大关，还在多个指标上创造了新的高度，荣登全国自助餐周榜销售第一。

镇江老宴春饭店

镇江老宴春饭店作为中华老字号，承载着130多年的历史和文化传承。1890年，镇江名儒吴季衡作名联"宴开桃李园中亦觞亦咏，春在金焦山畔宜雨宜晴"，其中的"宴春"二字正是镇江老宴春饭店的招牌。饭店位于镇江市润州区人民街17号，以供应镇江地方特色菜肴和特色早点为主要经营内容，多次荣获部、省、市表彰。对镇江人来说，去老宴春吃早茶、尝锅盖面和品淮扬菜，是一种传统，无论是生辰贺寿、招待宾朋还是家庭聚会，这里都是首选之地。

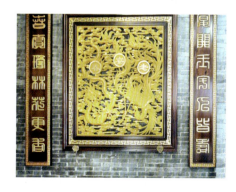

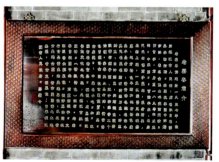

镇江市食品有限公司

公司位于朱方路74号，创建于1953年5月，原为国有中型骨干企业，长期以来，为保障市场供应、促进商品流通、改善居民生活、推动城市经济建设发挥了重要作用。为适应时代发展要求，公司于2005年10月完善企业改制，推行民营化运作。现有在岗职工120人，其中科技研发人员8人。公司占地面积16万平方米，固定资产总额7.8亿元，拥有5000吨冷库、农产品市场、肉品加工、综合超市、娱乐休闲、装饰材料市场6个产业部门。公司改制以来，经过不断创新发展，实体产业日益壮大，经济建设稳步推进，竞争实力显著增强，经过全体员工的奋力拼搏，创下了十分可喜的业绩，基本实现了三年跨越一个新台阶的目标，呈现出蓬勃发展的喜人景象，为长远发展注入了生机与活力。公司为江苏省肉类食品协会副会长单位，荣获镇江市文明单位称号，产品被评为江苏省质量信得过产品、江苏省绿色健康放心食品。

公司自民营化运作以来，在发展上进行了全新思考，在经营结构上做出了战略调整，在厂区布局上实行了重新规划建设，经济效益实现了一年翻一番的战略目标，为长远发展奠定了重要基础。未来发展思路：以创新精神提升市场运行模式，扩大市场经营规模；加速建设特色市场，增强市场竞争能力；挖掘饮食文化底蕴，培育企业自主品牌；大力推进文化创意产品开发；提高现代服务业水平，全面推动企业高质量发展。

镇江市温州商会

镇江市温州商会成立于 2005 年，丹阳市温州商会成立于 2008 年，实行"两块牌子、一套班子"的管理模式，现有会员 297 人（不包括新生代会员），共设两个党支部，党员总数 59 人。镇江市温州商会是江苏省"示范性社会组织"和"4A 级"商会、2019—2020 年度江苏省"四好"商会、江苏省商业联合会先进单位，多次被江苏省工商联、镇江市工商联、镇江商业联合会和温州市总商会评为先进集体。会员企业主要从事眼镜、电力设备、纺织、建材、酒店等产业。在镇温商企业发扬"开拓创新、自担风险、自强不息、自求发展"的温州人精神，涌现了新天鸿光学、明月镜片、天豪集团等行业龙头企业。其中，会长单位新天鸿光学荣获中国眼镜协会"金翅奖"，连续 10 年被丹阳市人民政府评为优秀纳税企业，亩均纳税居丹阳市前三名；明月镜片是中国镜片企业唯一上市公司，荣获 2020 年度镇江市市长质量奖，连续 10 年被丹阳市人民政府评为优秀纳税企业。商会充分发挥自身优势，始终坚持正确的建会方向，秉持服务这一核心要义，密切与金融、司法、教育等单位的联系，在金融赋能、子女就学、矛盾化解等方面为会员提供多维度实实在在的服务。商会积极履行社会责任，倡导会员做到义利并举。商会积极参与并动员和支持会员企业参与中西部合作、乡村振兴、助困帮扶等活动，各类捐款累计数百万元，其中为支持抗击新冠疫情，商会党支部和广大会员企业积极向武汉、温州、扬州、南京、丹阳等地捐款捐物，赢得了社会各界广泛赞誉。

镇江市温州商会将以习近平新时代中国特色社会主义思想为指导，始终坚持以党建促会建，进一步提升工作规范化水平，为地方经济高质量发展做出贡献。

会员风采·激扬时代

镇江市副食品行业协会

　　镇江市副食品行业协会积极参加镇江商业联合会组织开展的各项活动，联合提出诚信经营、食品安全、民生保障等诸多倡议，特别是在疫情期间，协同作战，共同做好疫情防控、交通畅行和民生保供工作。

　　协会会员单位近百家，有万方超市、凯源超市等零售企业；有恒顺集团、浮玉麻油等工厂企业；有副食品、洗化、酒业等批发企业。30 年来各会员单位携手共同进步、共同发展，为镇江的商业繁荣做出了应有的贡献！

镇江市锅盖面行业协会

　　镇江是有 3000 多年文字记载的历史文化名城、中国优秀旅游城市，每年接待上千万的游客，他们中的大多数人来镇江一定要品尝锅盖面。尽管游客来自五湖四海，口味千差万别，但都高度认可镇江锅盖面。

　　2007 年 11 月，镇江市锅盖面行业协会在相关职能部门的指导下，经市民政局核准登记注册正式成立，是全国唯一以"锅盖面"命名的地方行业协会，首任会长连任三届。2022 年 7 月，协会召开了四届一次会员代表大会，选举刘府早茶总经理刘斌为镇江市锅盖面行业协会第四届理事会会长。

　　现在全市有几千家面馆，协会会员已达到 500 家，其中 180 多家品牌面店，加盟店遍及全国各地，包括香港、澳门地区。多年来，协会全方位推广地方特色餐饮——镇江锅盖面。目前，锅盖面已走出国门，到达澳大利亚悉尼、布里斯班等地。锅盖面已成为镇江名副其实的"城市名片"。

镇江市丹徒区商业联合会

　　原丹徒县商业联合会成立于1996年3月。2002年4月丹徒撤县设区，遂更名为镇江市丹徒区商业联合会。它是以镇江市丹徒区商务工作者为主体，全区商贸流通服务行业工作者自愿组成并依法登记成立的联合性、非营利社会组织，业务主管部门是区政府办公室，接受镇江商业联合会、丹徒区民政局的业务指导和监督管理。镇江市丹徒区商业联合会设1名会长、1名副会长、1名秘书长。

　　协会的宗旨：遵守宪法和国家的法律、法规，贯彻执行国家有关方针、政策，遵守社会道德风尚；坚持以经济建设为中心，团结全区商界一切力量，围绕区委、区政府工作中心，积极开展各类经济活动，坚持改革开放，促进对外联系与合作，加速商品流通、资金流通和服务业的现代化、市场化和国际化进程；坚持为企业和行业服务，同时为政府和社会服务，协助加强思想和法治教育，承担行业协调职能，形成行业合力和整体优势，促进地方经济繁荣和发展。

　　协会的业务范围：吸引全区各有关部门，各行业的商品生产和商品流通团体、企业和个人，按照"互利互惠、共同发展"的原则，推进纵、横向经济合作，凝聚行业力量，发挥群体优势；指导会员企业贯彻执行国家有关政策和法律法规，维护会员企业合法权益，搞好行业自律，信守商业道德，维护消费者合法权益；做好会员之间、会员与各部门、各地区之间的协调服务工作，加强与国内外同行经济技术交流与合作，开展内联外引活动，促进企业参与国际大流通；加强与市、省、全国商业联合会及各行业协会的联系，指导本会各类专业协会工作；代表会员向政府和有关部门反映实际情况，提出建议，发挥联结政府和会员单位的桥梁作用。

交通银行股份有限公司镇江分行

　　交通银行股份有限公司镇江分行作为交通银行全国第11家分支机构重组于1988年1月3日。30多年来，交通银行镇江分行始终坚持"诚信永恒、稳健致远"的经营理念，积极投身于镇江市改革发展大潮，走出了一条"艰苦创业—改革发展—做大做强"的不平凡历程。分行现有员工502人，人工网点19个，服务个人客户数量突破67.4万户，综合规模实力跨入交总行17家一类省辖分行序列。

　　在经营规模不断攀高冲顶的同时，交通银行镇江分行的社会影响力和品牌形象也在不断提升，先后荣获中国金融工会"全国金融五一劳动奖状"、团中央"全国青年文明号"、中国银行业协会"千佳示范单位""百佳示范单位"，以及镇江市委、市政府"金融服务贡献奖""人才金融服务先锋奖"等多项荣誉称号。特别是服务，已形成良好的口碑，分行营业部连续四届获得"中国银行业文明规范服务千佳示范网点"称号，2017年再创辉煌，在全国23万家银行网点中脱颖而出，以全省申报网点总分第一的成绩摘得银行业服务品牌皇冠"中国银行业文明规范服务百佳示范网点"殊荣。丹阳支行营业部2018年获得"中国银行业文明规范服务千佳示范网点"称号。润州支行、江滨支行、扬中支行等多家网点荣获江苏省银行业协会"江苏银行业文明规范服务适老网点"称号。

后记

——继往开来，商海扬帆

历史的画卷总是在前后相继中铺展，时代的华章总是在接续奋斗中书写。我国已经开启全面建设社会主义现代化国家新征程。

习近平总书记在党的二十大报告中指出，加快构建以国内大循环为主体、国内国际双循环相互促进的新发展格局，增强国内大循环内生动力和可靠性，提升国际循环质量和水平。这是根据中国发展阶段、环境、条件变化作出的战略决策。党的二十届三中全会对进一步全面深化改革、推进中国式现代化作出科学谋划和系统部署，强调构建高水平社会主义市场经济体制。步入新时代，迈向新征程，镇江市委、市政府提出，要用力拓展消费市场，提振企业发展信心，在增强消费能力、创新消费场景、优化消费环境、激发消费热情上下功夫。

"潮平两岸阔，风正一帆悬。"面对时代的召唤，我们将紧跟时代的步伐，坚定不移地以习近平新时代中国特色社会主义思想为指引，以强烈的政治自觉、思想自觉、行动自觉，踔厉奋发，笃行不怠，探索创新，抢抓各种重大机遇，用好各类有利因素，把准干的方向、增强干的动力、提升干的本领，不遗余力地为构建"双循环"新发展格局，做出镇江商业联合会应有的新贡献，奋力谱写镇江商贸事业发展的新篇章。

本书在编写过程中得到了镇江市各有关部门和各会员单位的大力支持，特别是镇江精创文化创意产业有限公司参与策划设计，许多同志提供了图片资料，在此表示衷心感谢！同时由于水平有限，错误难免，敬请批评指正。

编　者

2024年7月

1994-2024